AF250581

# LES HOMMES DU JOUR

---

## BIOGRAPHIES

### DES

# CÉLÉBRITÉS ARTISTIQUES

PAR

M. Émile DE LA BÉDOLLIÈRE

---

# FRÉDÉRIC TRÉMEL

## LE GUITARISTE-POÈTE

---

## PARIS

### IMPRIMERIE RAIMON-PARENT

61, RUE RODIER, 61

---

1880

*Pour recevoir* franco *par la poste les chansons portées
au catalogue, envoyer à M.* **ADRIEN REY**, *Éditeur de
musique, rue de la République, 17 à Lyon :*

*Pour le grand format piano*. . . . . . . . . . . . . . **1** *fr.*　　»

*Pour le petit format*. . . . . . . . . . . . . . . . . . . 　»　　**50**

~~~~~~~~~~~~~~~~

## VENTE EN GROS

### POUR LES

# ÉDITEURS & MARCHANDS DE MUSIQUE

A PARIS, chez **H. C. DE PLOOSEN**, Éditeur de musique, faubourg
Saint-Denis, 18.
~~~~~~~~~~~~~~~~

méprise l'artiste, ou dédaigne tout ce qui est intelligent.

Et puis, pensez donc, un concert donné par un homme seul, qui n'a absolument que son talent pour attirer les amateurs, cela ne se voit pas souvent ; c'est même très rare, et c'est une raison de plus pour qu'on n'y aille pas.

Chanter des choses charmantes, dites avec un goût exquis ; être véritablement poète de son art et pousser l'outrecuidance à ne pas vouloir employer les moyens vulgaires et les ficelles usées des banalités ordinaires, est un grand crime pour la classe trop nombreuse de ces faux connaisseurs au vulgarisme choquant qui aiment la **voix**, même la voix sans art ; qui préfèrent entendre crier et écorcher le Français par une poupée quelconque que d'écouter un véritable virtuose qui chante avec goût, qui a de l'âme et de l'expression ; dont la diction est correcte et qui sait sa langue.

Donc, Trémel parcourut la France, s'arrêtant dans les principaux centres ; récoltant des bravos par ci, des indifférences par là ; mais toujours digne, toujours grand artiste, et ne faisant aucune concession au goût du jour qui porte une certaine partie du public à se laisser salir les oreilles par toutes les ordures possibles, mais qui n'ont absolument aucun rapport avec l'art.

La véritable place du guitariste-poète était à Paris.

Il y revint en 1876 ; ce fut un triomphe. Son succès fut immense et sa réputation était définitivement fixée. Il avait maintenant sa place au soleil des artistes.

Alors vint la série des honneurs; invité partout, tout le monde voulut l'entendre ; il fut fêté, caressé et.... largement payé.

Ce n'était plus le guitariste bohême, fantaisiste, jouant tout ce que lui suggérait son cerveau, sans méthode et sans règle. C'était maintenant un musicien consommé, d'un talent exquis, faisant oublier par l'harmonie savamment combinée toute l'âpreté méthodique.

Trémel est arrivé à la maturité de son talent, talent piquant et original qui n'a pas encore trouvé d'imitateur.

Chanteur de la bonne école, guitariste merveilleux, harmoniste distingué, il a un grand avenir devant lui, car il est non seulement le guitariste et le chanteur aimable que tout le monde connaît, mais il est encore un poète de mérite et un compositeur charmant dont les œuvres deviennent de plus en plus populaires.

Ses chansons patriotiques, ses refrains gaulois, où pétille l'esprit de nos pères, ses romances morales, qui forment un contraste si frappant avec les couplets orduriers des cafés soi-disant concerts, lui ont valu depuis longtemps déjà une place marquée parmi les auteurs contemporains.

Mais où Trémel est inimitable, où se révèle un caractère d'artiste supérieurement organisé, c'est dans ses mélodies suaves et douces dont il a seul le secret : rêveries délicieuses, bluettes de bon goût, empreintes d'un cachet de mélancolie qui charme le cœur et laisse après elle comme un parfum d'harmonie.

Rien de plus frais que ces airs simples et faciles qu'il compose, ou plutôt qu'il improvise avec tant de bonheur, mais qu'il dit surtout si finement avec cette voix sympathique et chaude qui lui est particulière.

Comme guitariste, Trémel est vraiment extraordinaire ; jamais on n'a exécuté sur cet instrument les tours de force qu'il y exécute, lui, avec tant de grâce et de brio.

*Huerta*, qui a été un des meilleurs guitaristes, n'a jamais fait la vingtième partie de ce que fait Trémel, si judicieusement surnommé *l'homme à la guitare* ; ce ne sont pas des retraites plus ou moins espagnoles, des valses, et des fantaisies plus ou moins brillantes, c'est de la vraie musique qui jaillit en notes souples et douces sous les doigts agiles de l'éminent virtuose.

Jamais on n'a fait vibrer avec une si parfaite sonorité les cordes sourdes de cet instrument, qui, cependant, dans ses mains, pleure, gémit, sourit, caresse, charme et émeut tour à tour l'auditeur, étonné des ressources immenses qu'on peut tirer d'un instrument aussi ingrat.

Imiter sur la guitare, la harpe, la flûte, la vielle, la musette, le violoncelle, les cloches, la mandoline et jusqu'à la clarinette, est une chose tellement surprenante qu'on s'explique très bien le succès qu'obtient Frédéric Trémel à Paris. Aussi les principales sommités musicales devant lesquelles l'artiste s'est fait entendre ont-elles décerné un juste tribut d'éloges à celui que la presse parisienne appelle *le Paganini de la guitare.*

La guitare semblait, jusqu'à ce jour, être le monopole des Espagnols ; aujourd'hui, nous avons un guitariste que personne n'a encore égalé, et nous pouvons dire hardiment que Trémel est une gloire nationale.

Nous nous sommes souvent demandé pourquoi Trémel ne restait pas à Paris, où son succès est immense, et voilà la réponse que nous avons trouvée :

Trémel est un vrai troubadour ; il aime la vie errante, et, comme l'oiseau, il aime la liberté. Tantôt chantant au salon ou au théâtre, tantôt donnant des séances musicales dans les principaux cercles des villes de province, il va partout où sa fantaisie d'artiste le porte.

Il est connu dans toute la France, et partout on l'accueille avec sympathie ; car il est si rare de rencontrer ce qu'on

appelle un vrai artiste, et surtout du talent de Trémel,
que c'est une bonne fortune pour les amateurs de bonne
musique et de saine littérature d'assister à un de ses
concerts offrant ce double attrait d'un répertoire choisi avec
goût et exécuté d'une façon aussi remarquable.


ÉMILE DE LA BÉDOLLIÈRE.

# RÉPERTOIRE DU CHANTEUR DE SALON

ROMANCES ET MÉLODIES AVEC ACCOMPAGNEMENT DE PIANO

PAR FRÉDÉRIC TRÉMEL

---

## PREMIÈRE SÉRIE



BIBLIOTHÈQUE NATIONALE — R.F. — IMPRIMÉS

# RÉPERTOIRE DU CHANTEUR DE SALON

## ROMANCES ET MÉLODIES AVEC ACCOMPAGNEMENT DE PIANO

### PAR FRÉDÉRIC TRÉMEL

---

## DEUXIÈME SÉRIE

| TITRES | GENRE | POÉSIES de |
|---|---|---|
| Le Sonneur de Biniou | Chant breton | FRÉDÉRIC TRÉMEL. |
| Petits poissons | Rêverie | LOUIS COLLIN. |
| Lettres d'amour | Souvenirs | FRÉDÉRIC TRÉMEL. |
| J'ai perdu ma Jeannette | Élégie d'amour | FRÉDÉRIC TRÉMEL. |
| Sérénade de Laura | | J. BLANCHETON. |
| Aux Prunes ! | Souvenir | FRÉDÉRIC TRÉMEL. |
| P'tit Blaise | Chanson | FRÉDÉRIC TRÉMEL. |
| Mon Dieu | Chanson | J. LAZARE. |
| Stabat d'amour | Souvenir | LOUIS COLLIN. |
| Faut qu'ça mange ! | Chanson | FRÉDÉRIC TRÉMEL. |
| Soleil d'amour | Chanson d'Hiver et de Printemps | J. C. CHAIGNEAU. |
| Adieu Bretagne | Chanson bretonne | FRÉDÉRIC TRÉMEL. |
| Les gouttes de rosée | Rêverie | G. PEYRONNET. |
| Le Chien de la ferme | Chanson | FRÉDÉRIC TRÉMEL. |
| Mère et Patrie | Romance | FRÉDÉRIC TRÉMEL. |
| Amour défunt | Regrets | CH. GILBERT-MARTIN. |
| Vains désirs | Mélodie | HENRI CHABANNE. |
| Amour de mère | Romance | J. BLANCHETON. |
| Le Bal me l'a tuée | Romance dramatique | FRÉDÉRIC TRÉMEL. |
| Le Chant du menuisier | Chanson | G. H. DE GOUBERVILLE. |
| Chanson de matelot | | OGIER D'IVRY. |
| Ballade des Lilas | Rêverie | ALEXANDRE VINCENT. |
| Amour déçu | Romance | AUGUSTE VIALA. |
| Le Réveil de la France | Mélodie | CHARLES MARCHAL. |
| L'Amant et l'Oiseau | Rêverie | J. BLANCHETON. |
| Le Coucou chante ! | Chanson de printemps | FRÉDÉRIC TRÉMEL. |
| Quand on ne s'aime plus | Chanson d'amour | FRÉDÉRIC TRÉMEL. |
| La Chanson de Tragaldabas | | AUGUSTE VACQUERIE. |
| Pour la première fois | Mélodie | FRÉDÉRIC TRÉMEL. |
| Adieu | Chanson d'amour | GUSTAVE RIVET. |
| Rose-Printemps | Idyle | J. BLANCHETON. |
| Chante, ma musette | Rêverie | FRÉDÉRIC TRÉMEL. |
| Si j'étais Madeleine | Rêverie | FRÉDÉRIC TRÉMEL. |
| Le Requiem d'amour | | HENRI MURGER. |

*LES ŒUVRES DE FRÉDERIC TRÉMEL SE TROUVENT :*

## POUR LA VENTE EN GROS

## (ÉDITEURS & MARCHANDS DE MUSIQUE)

A PARIS, chez **H. C. DE PLOOSEN**, Dépositaire, rue du faubourg Saint-Denis, 18;

Vente au détail (pour les amateurs) A LYON, chez **ADRIEN REY**, Éditeur de musique, rue de la République, 17.

*Pour recevoir franco par la poste les morceaux portés au catalogue* (Voir au verso de cette page), *envoyer à l'éditeur : pour le grand format piano*. . . . . . . . . . . **1** *fr.* »

*Pour le petit format*. . . . . . . . . . . . . . . . » **50**

*Les demandes doivent être adressées à M.* **ADRIEN REY**, *Éditeur de musique, rue de la République, 17, à Lyon.*

www.ingramcontent.com/pod-product-compliance
Lightning Source LLC
Chambersburg PA
CBHW051505060726
47596CB00007B/2931